THIS BOOK

BELONGS TO:

____

____

____

____

DOT - TO - DOT

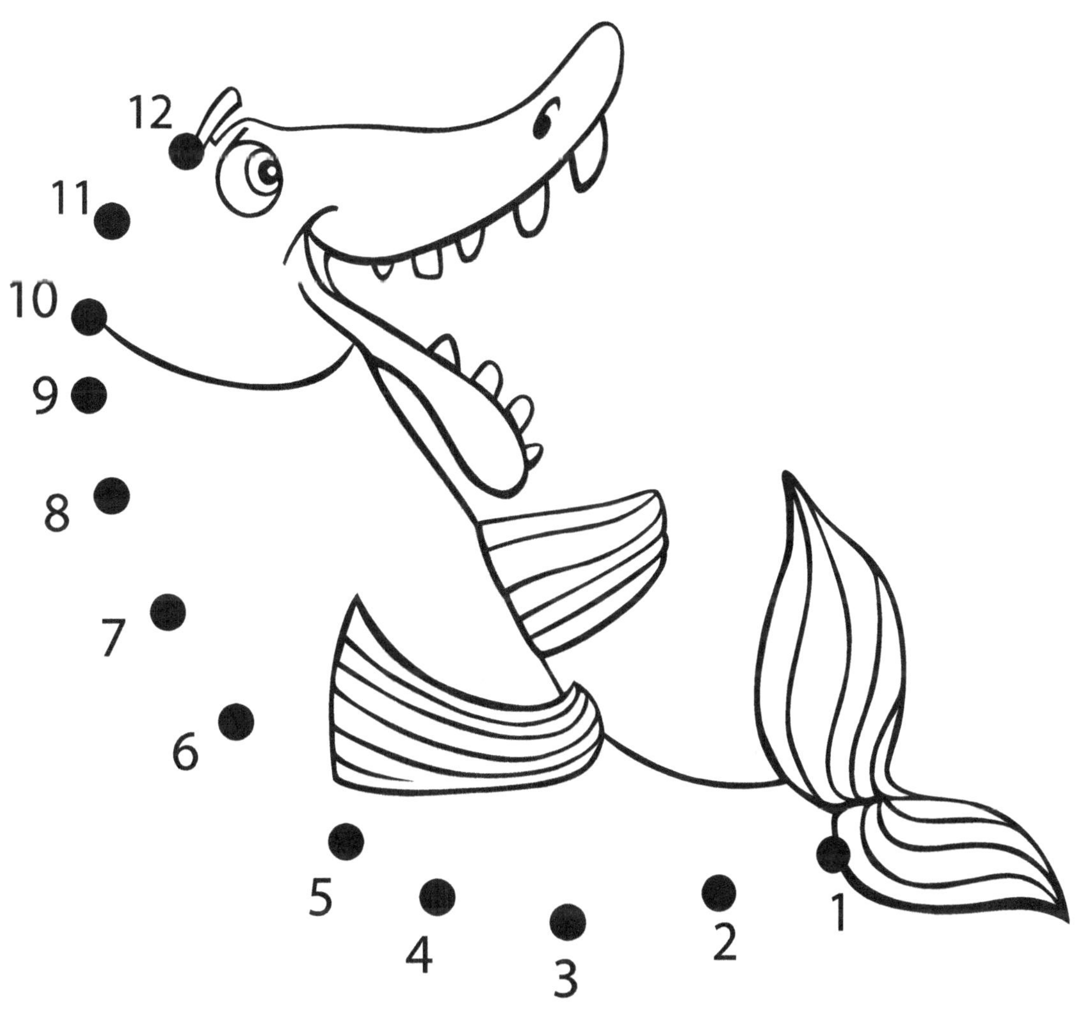

DOT - TO - DOT

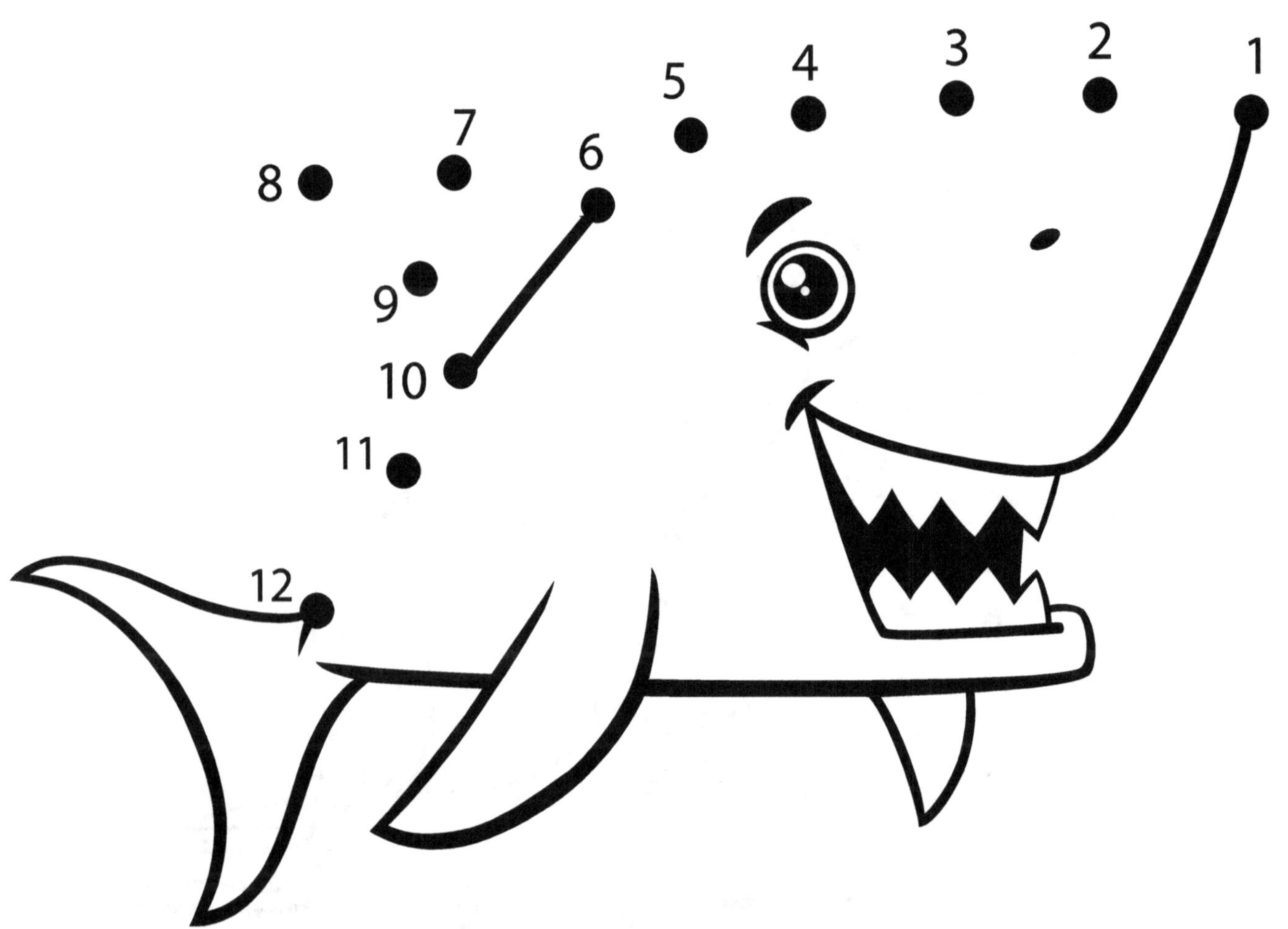

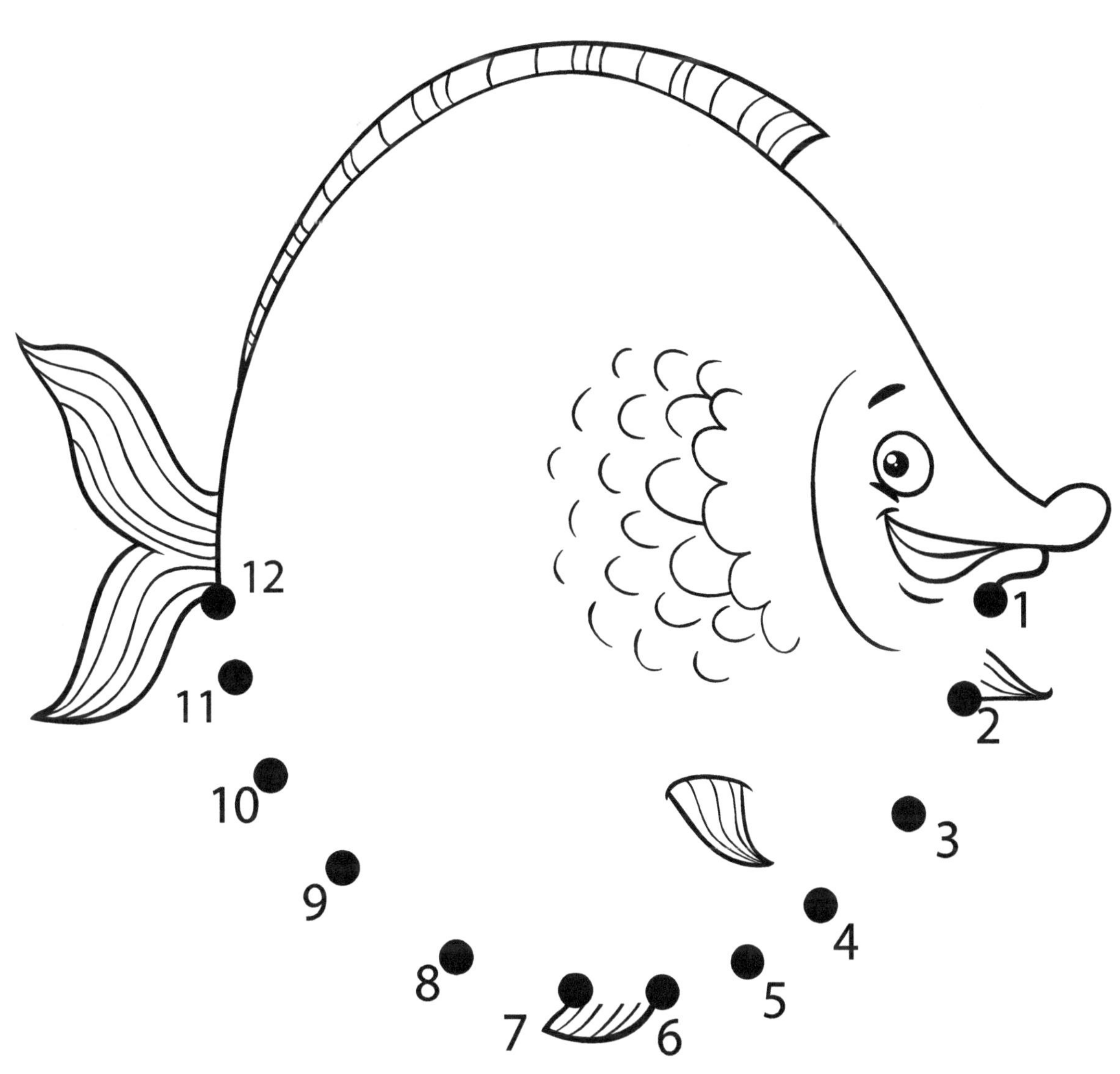

12
11
10
9
8
7
6
5
4
3
2
1

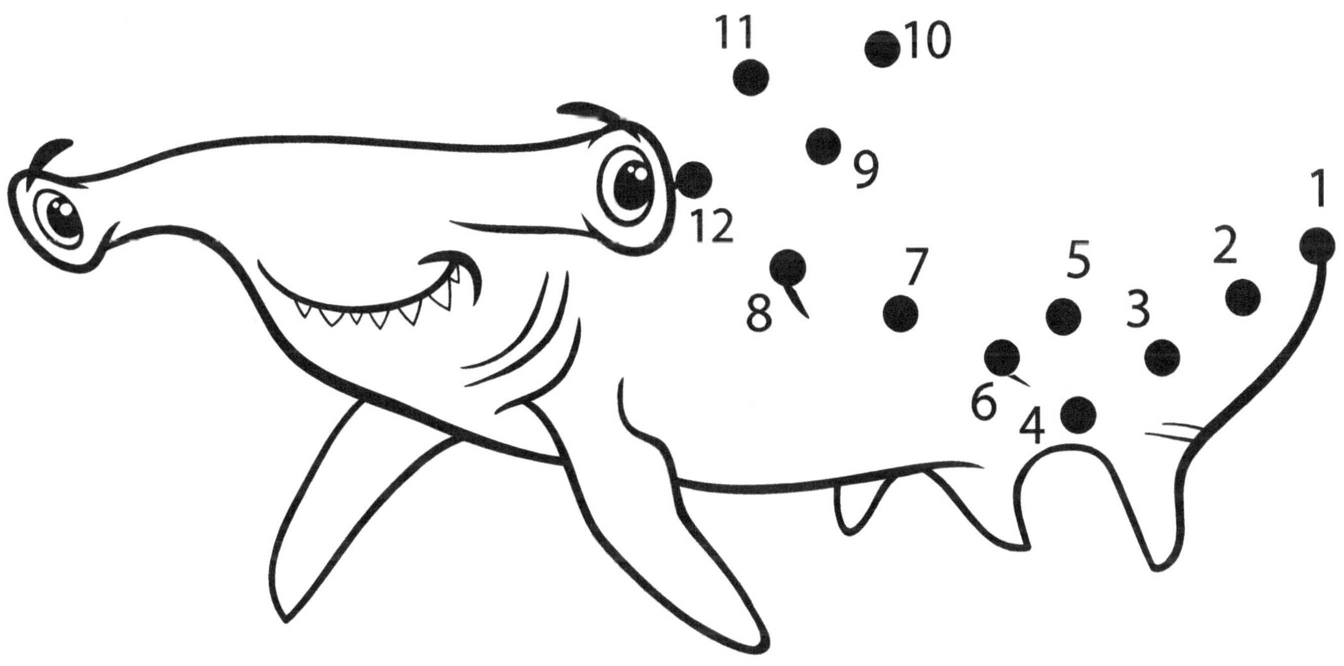

11
10
9
1
12
2
7
5
8
3
6
4

DOT - TO - DOT

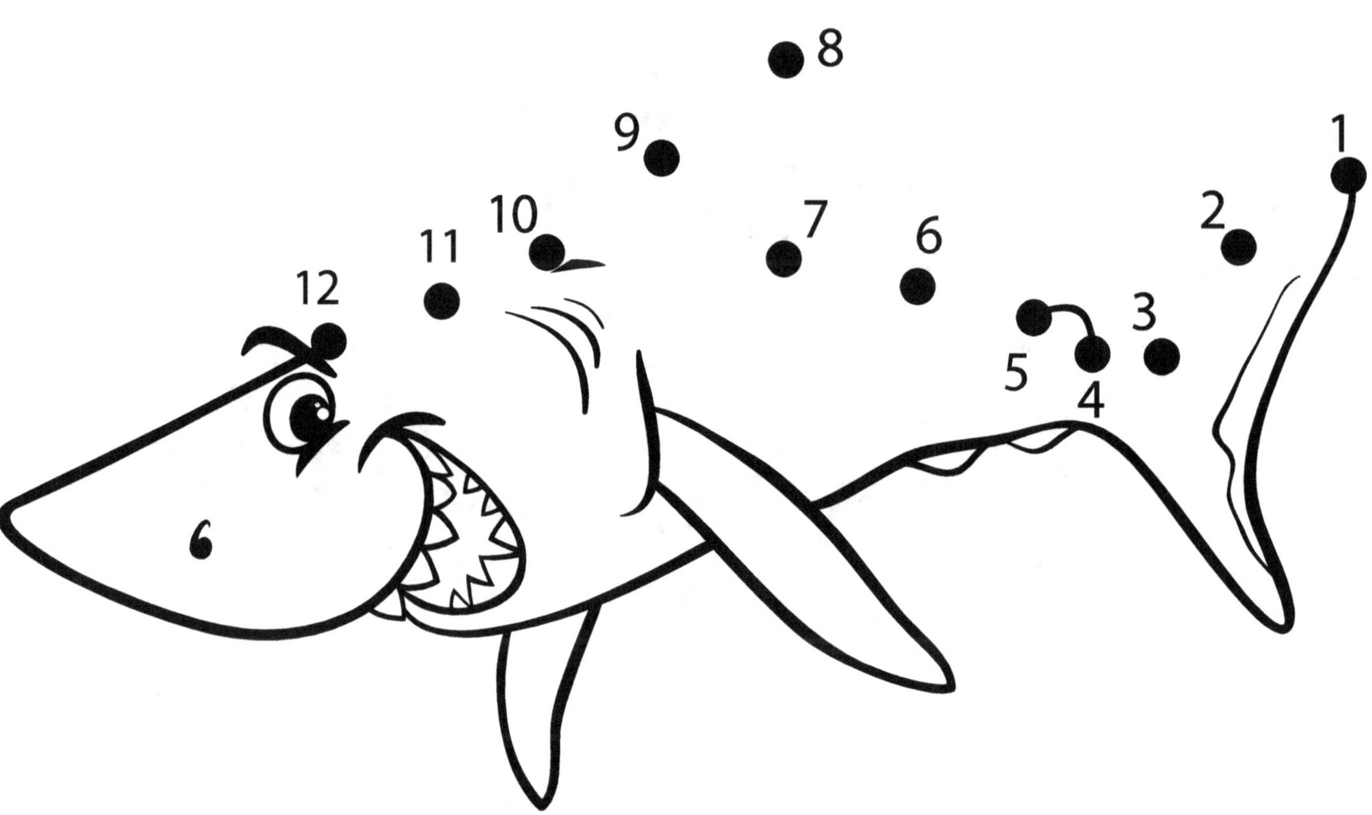

DOT - TO - DOT

1
2
3
4
5
6
7
8
9
10
11
12

1
2
3
4
5
6
7
8
9
10
11
12

DOT - TO - DOT

1
2
4
3
5
6
7
8
9
10
11
12

DOT - TO - DOT

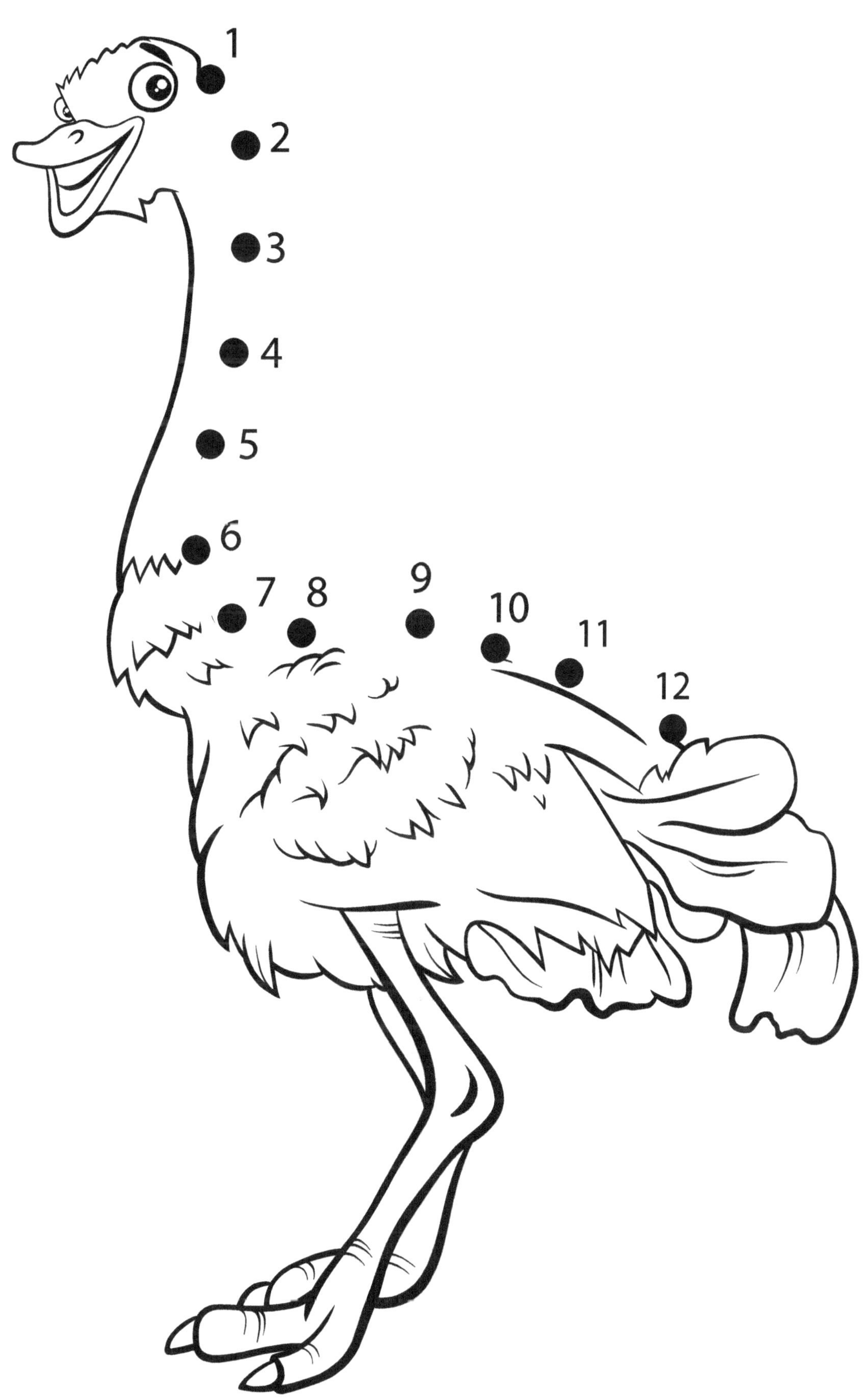

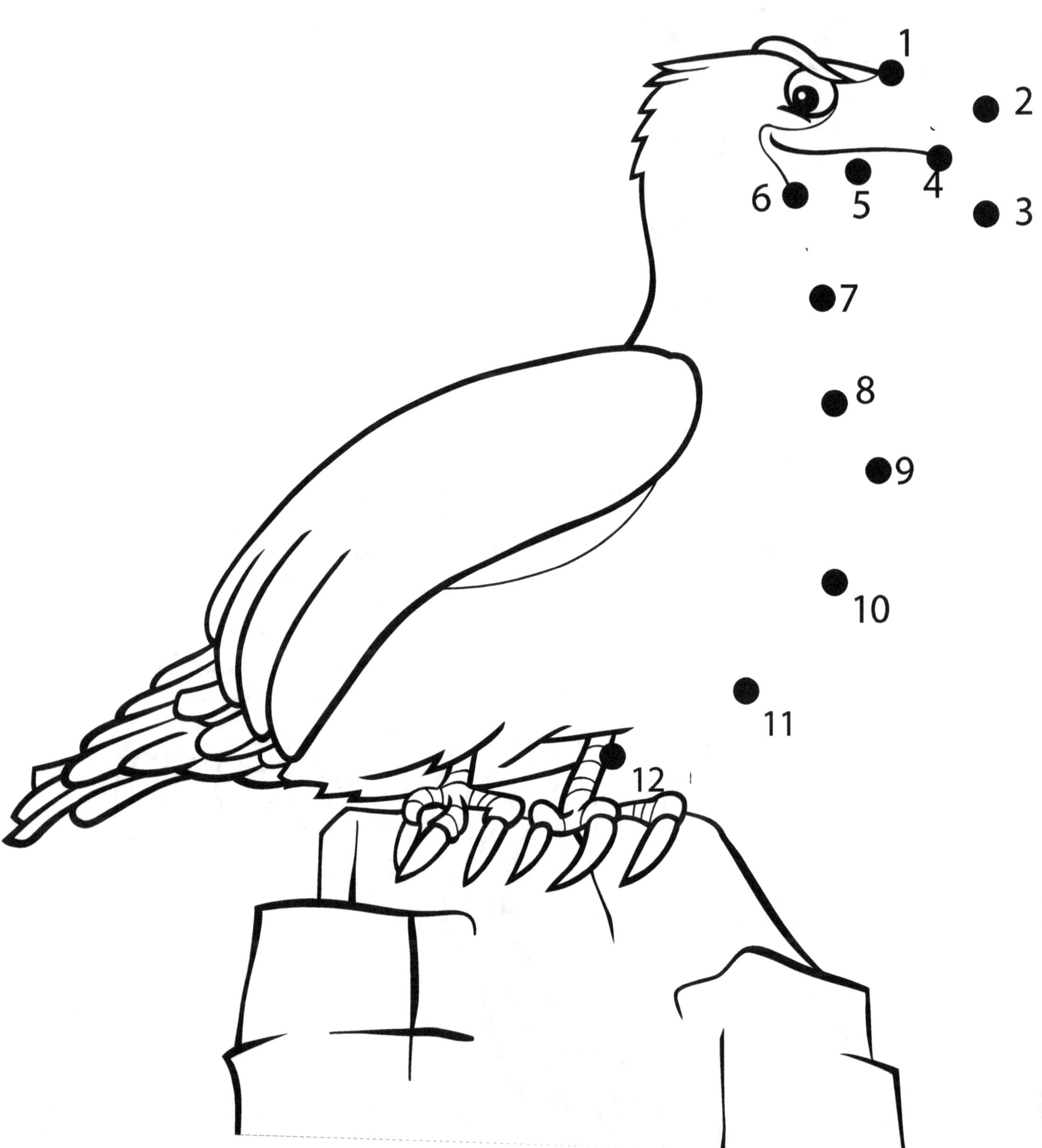

1
2
4
3
6
5
7
8
9
10
11
12

DOT – TO – DOT

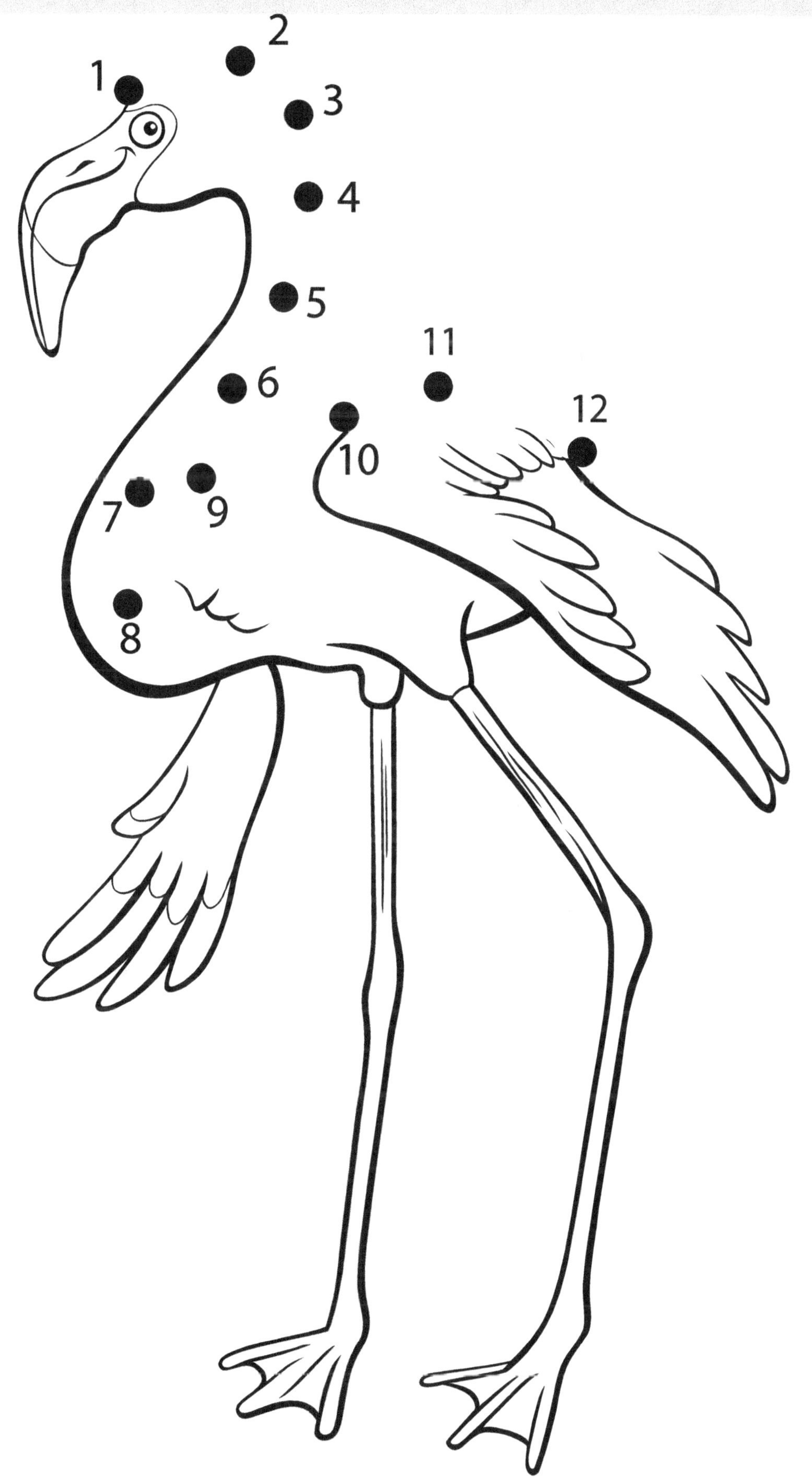

DOT - TO - DOT

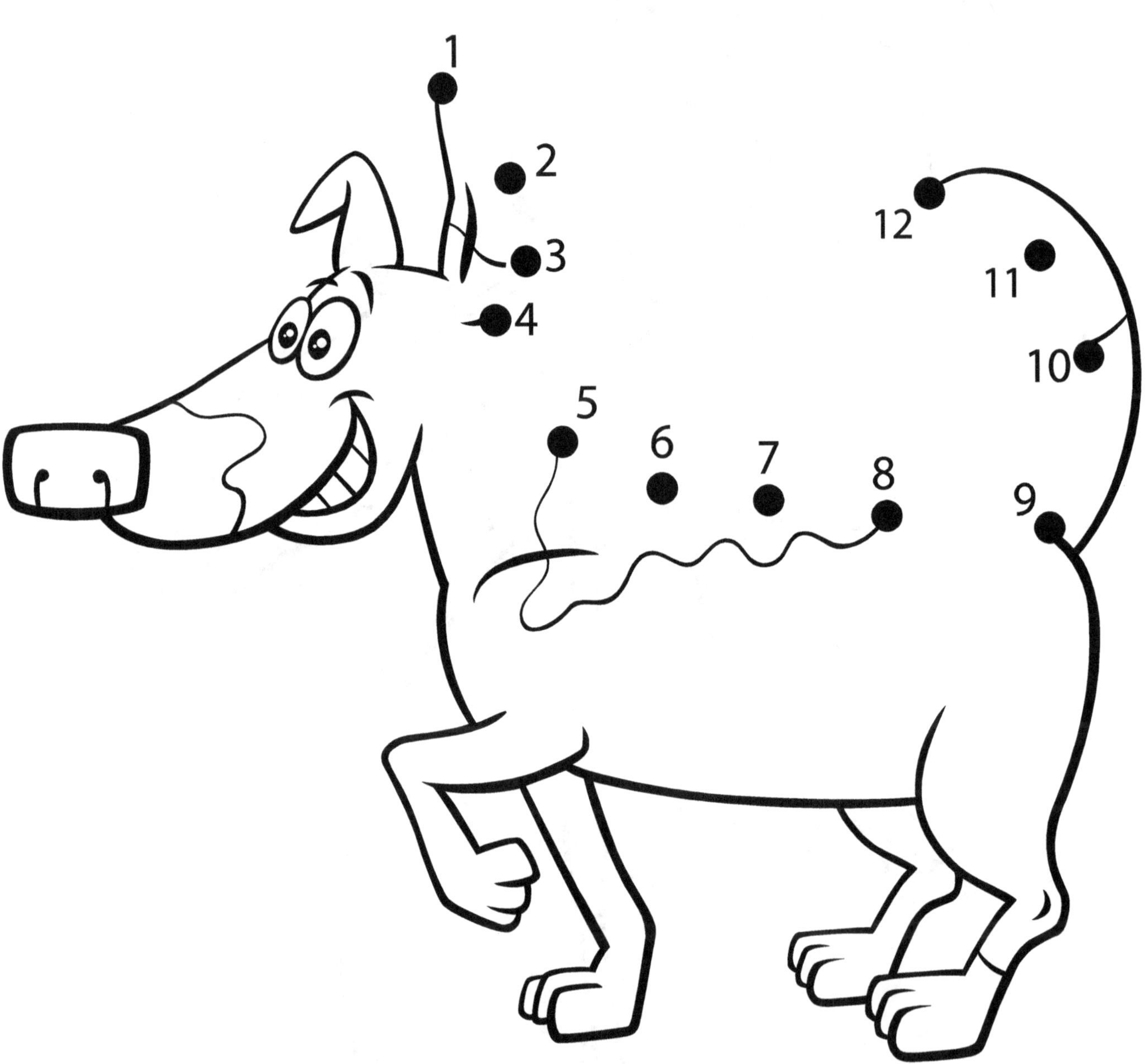

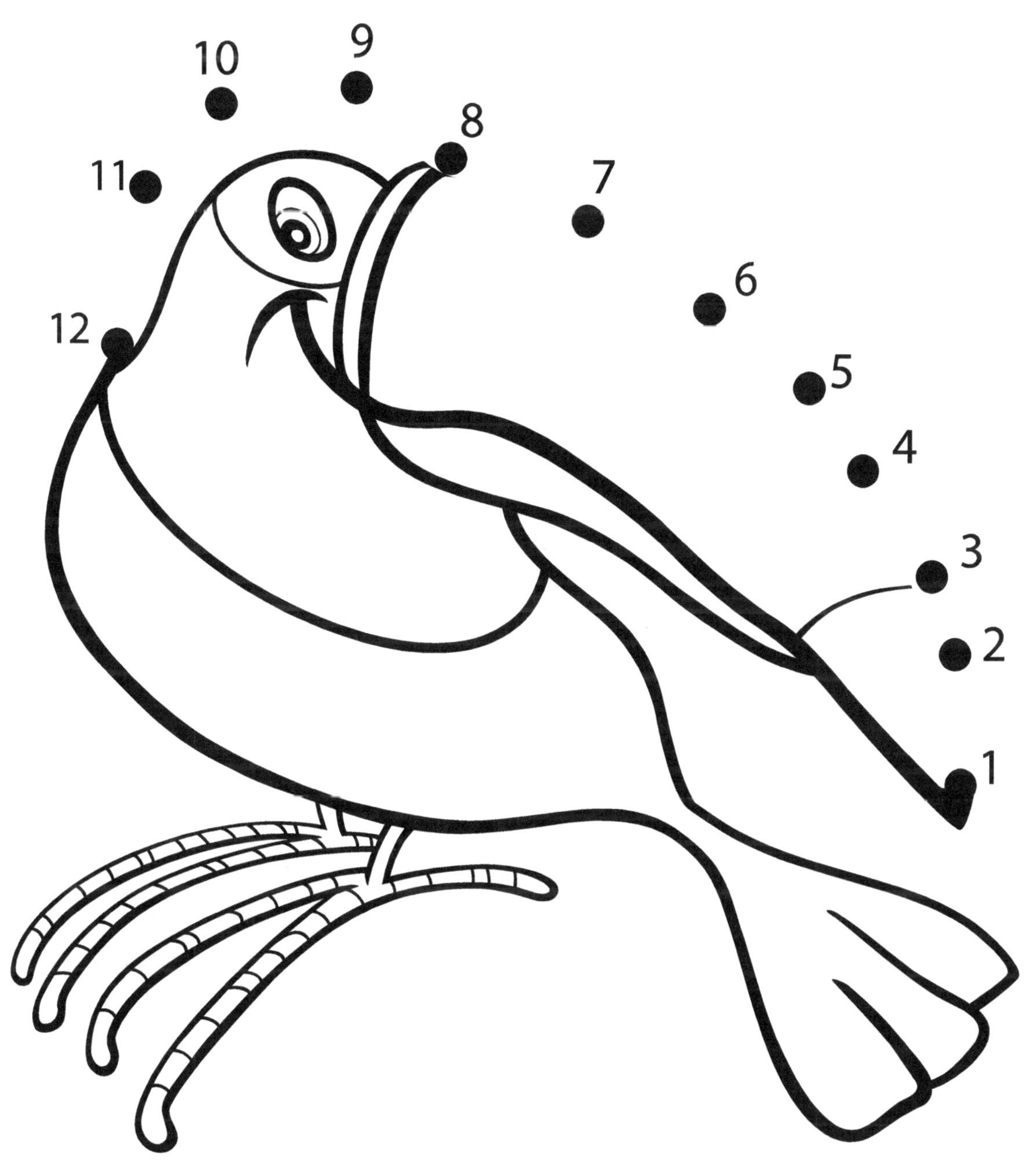

1
2
3
4
5
6
7
8
9
10

1
2
3
4
5
6
7
8
9
10

DOT - TO - DOT

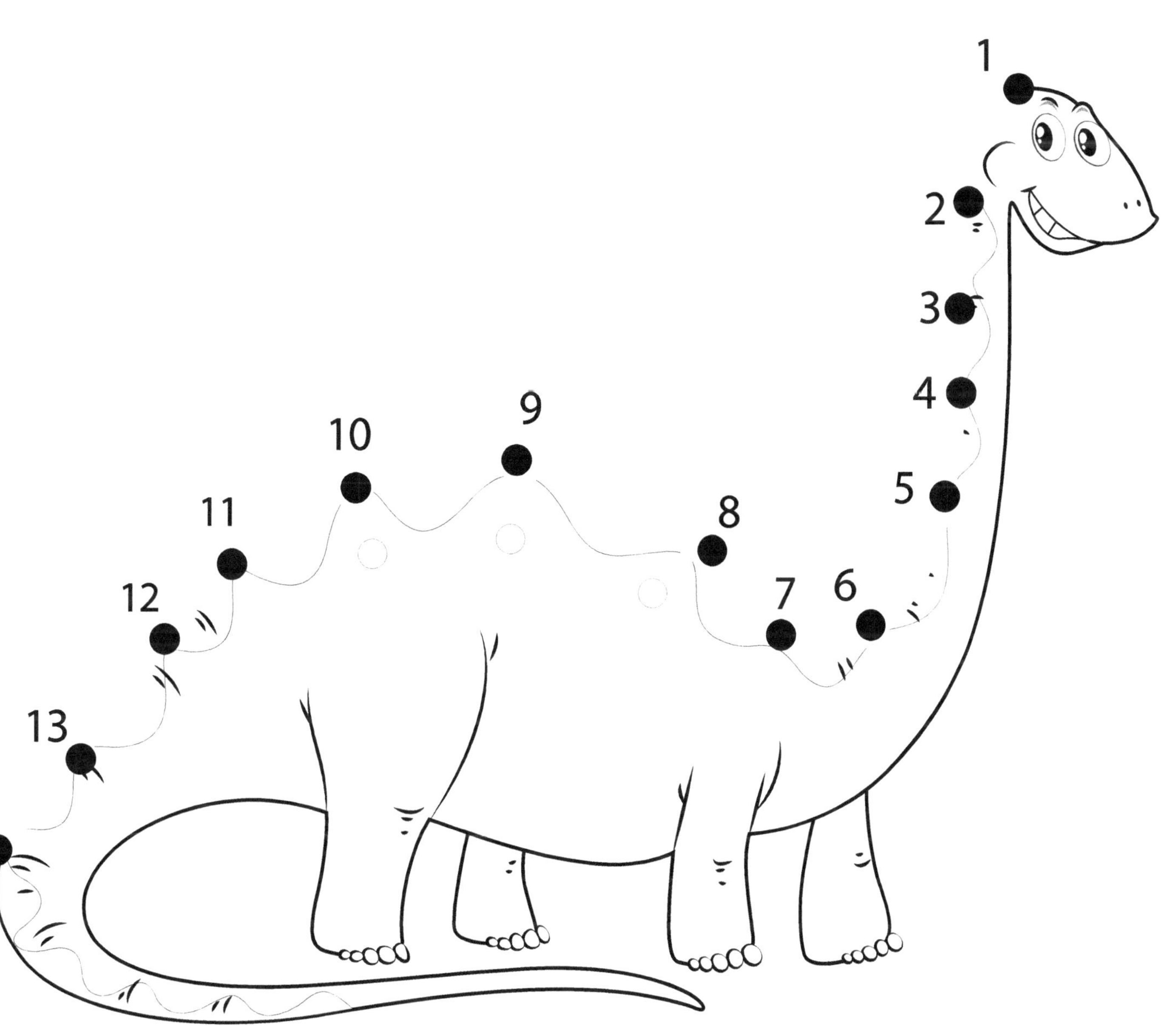

DOT - TO - DOT

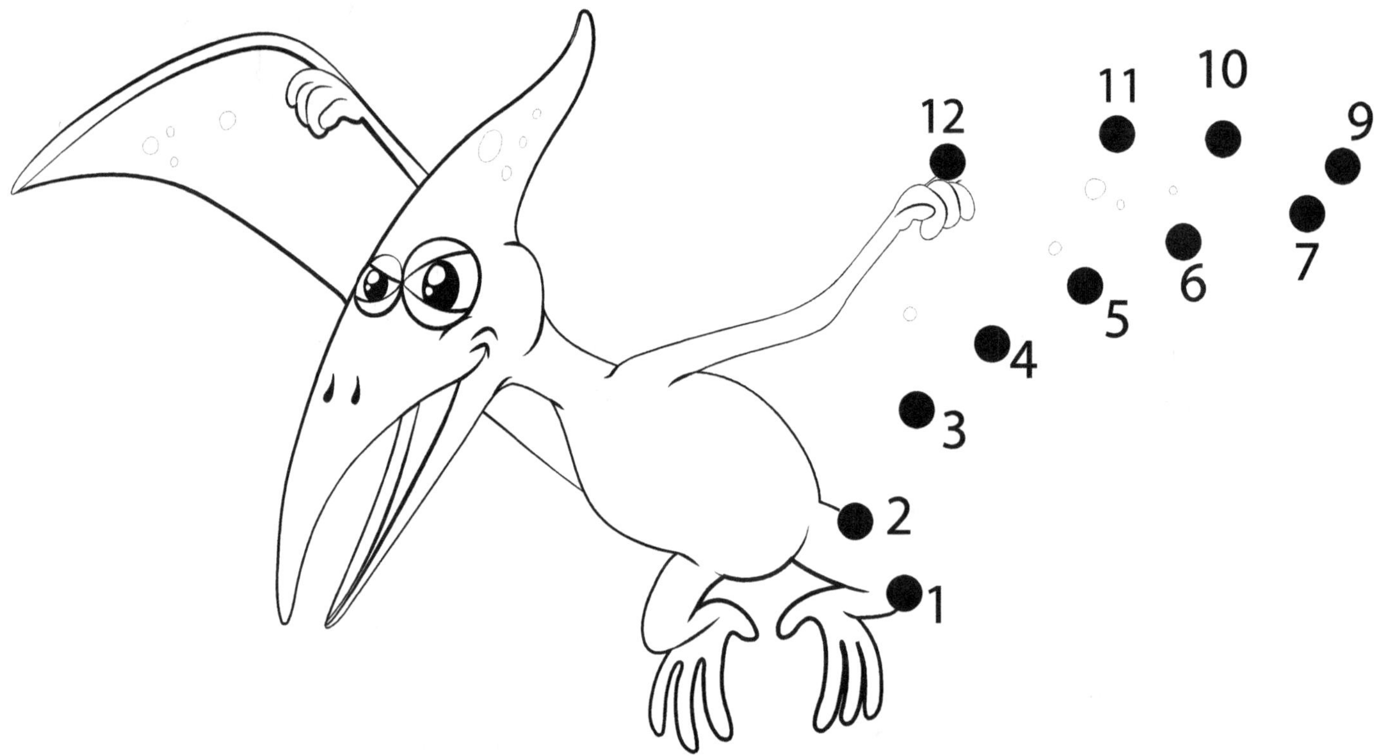

DOT - TO - DOT

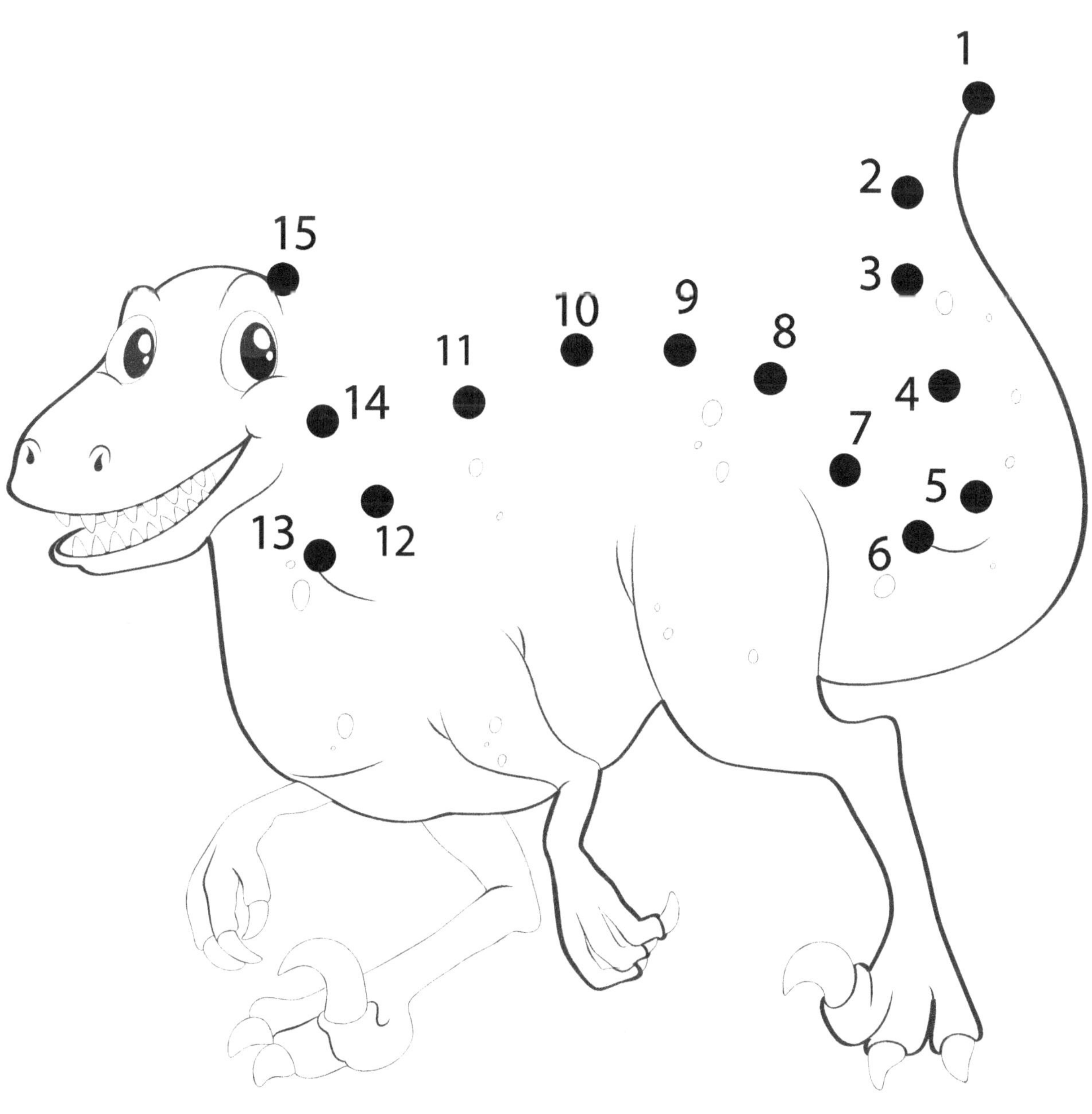

DOT - TO - DOT

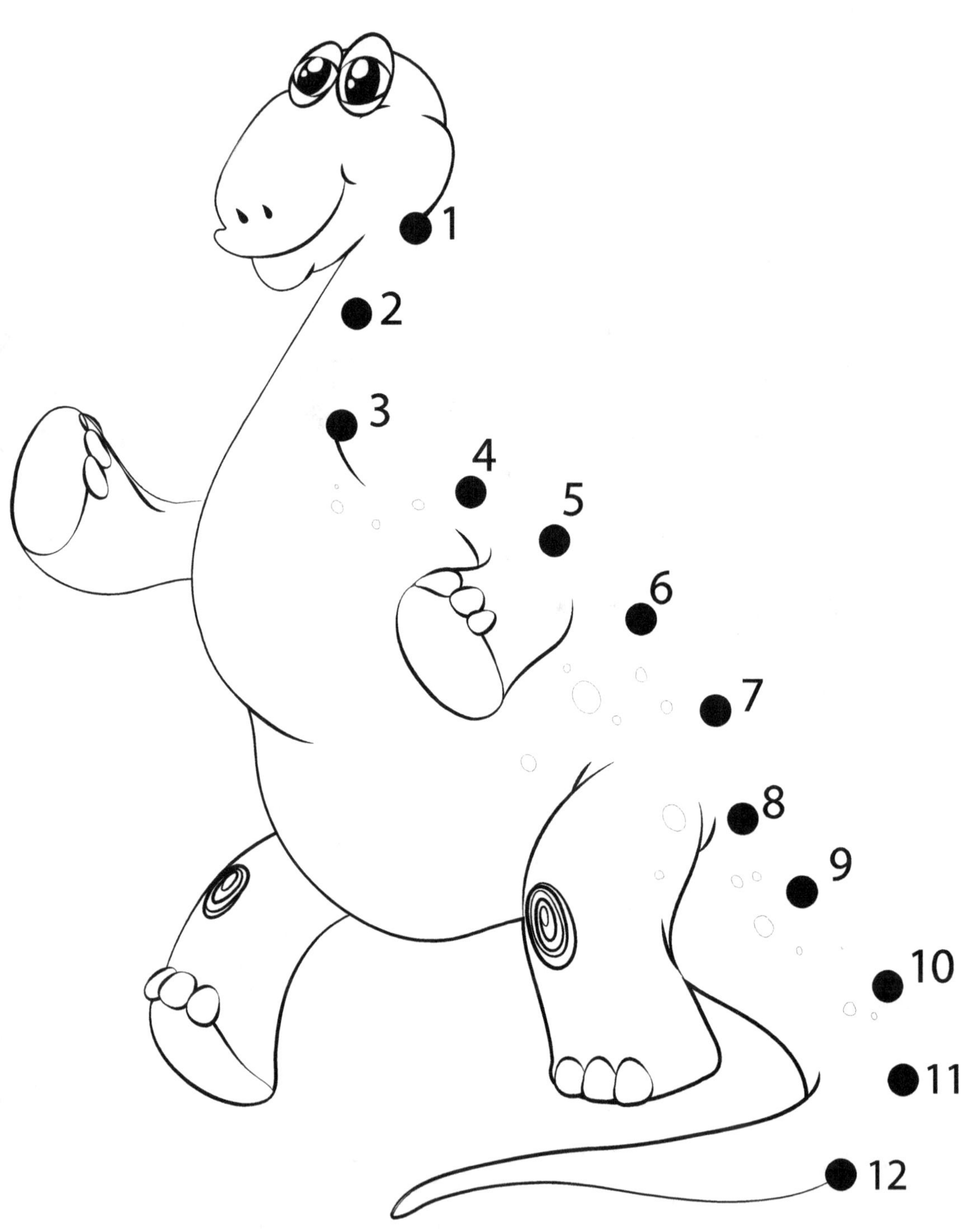

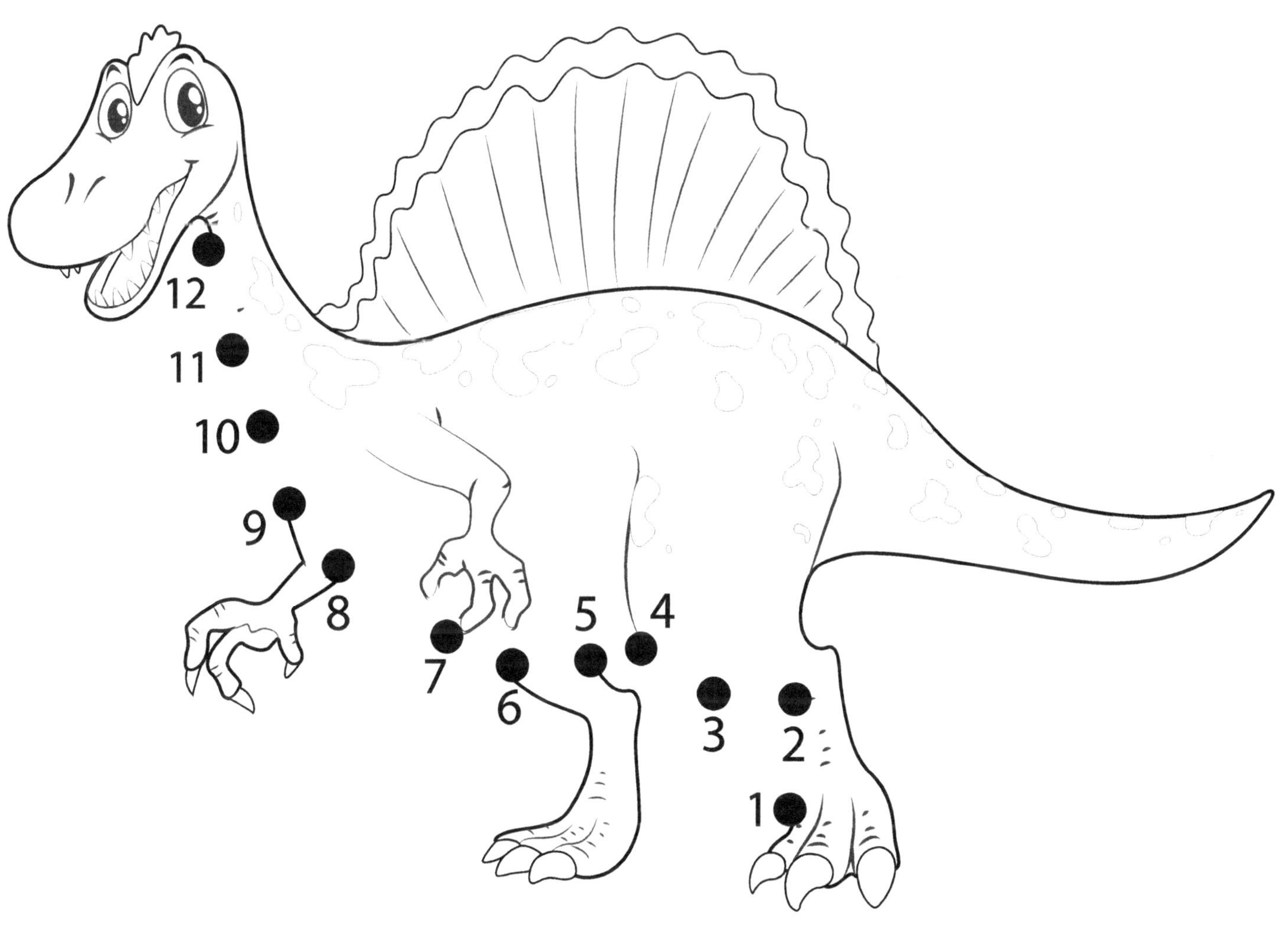

DOT - TO - DOT

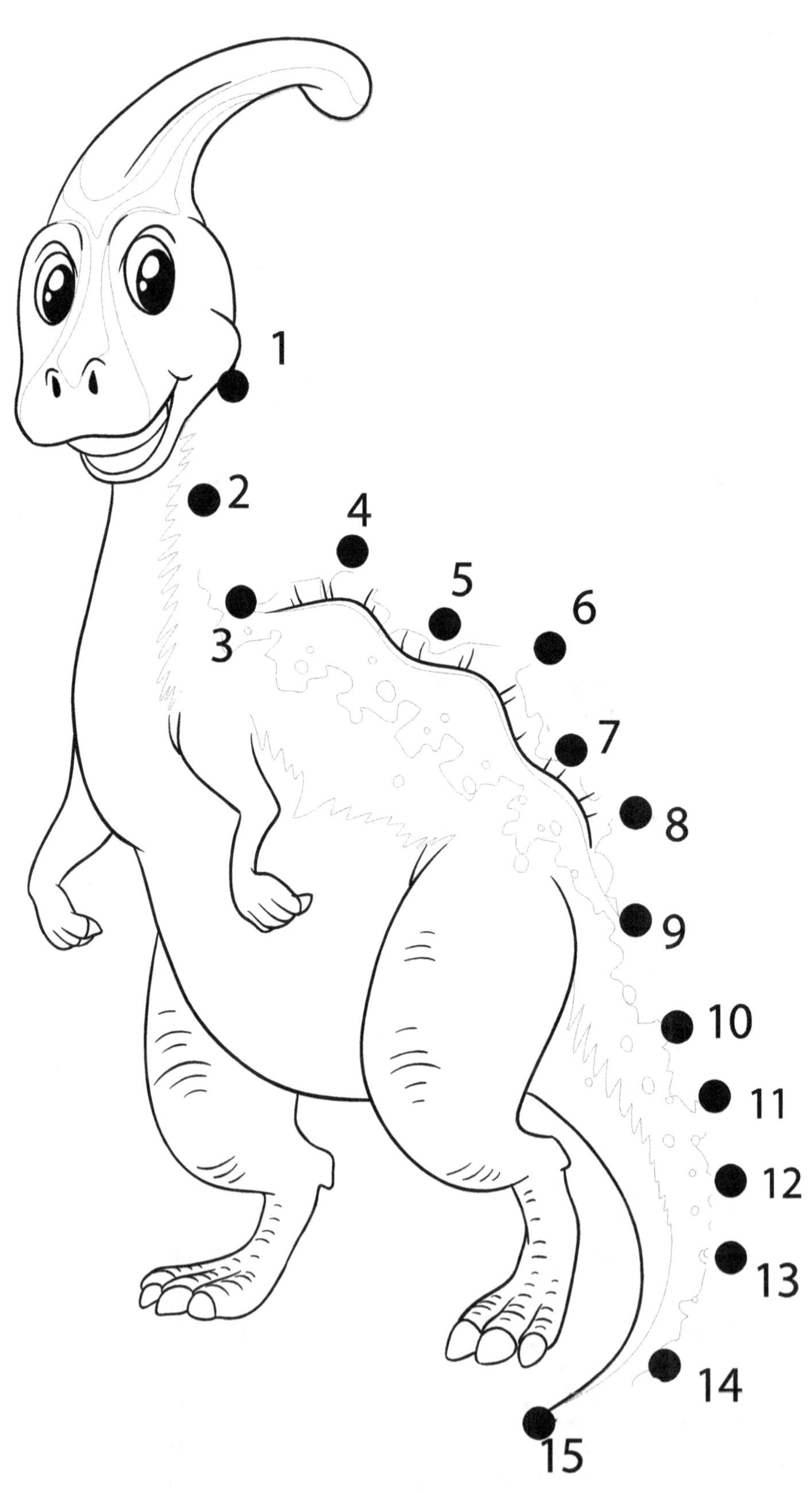

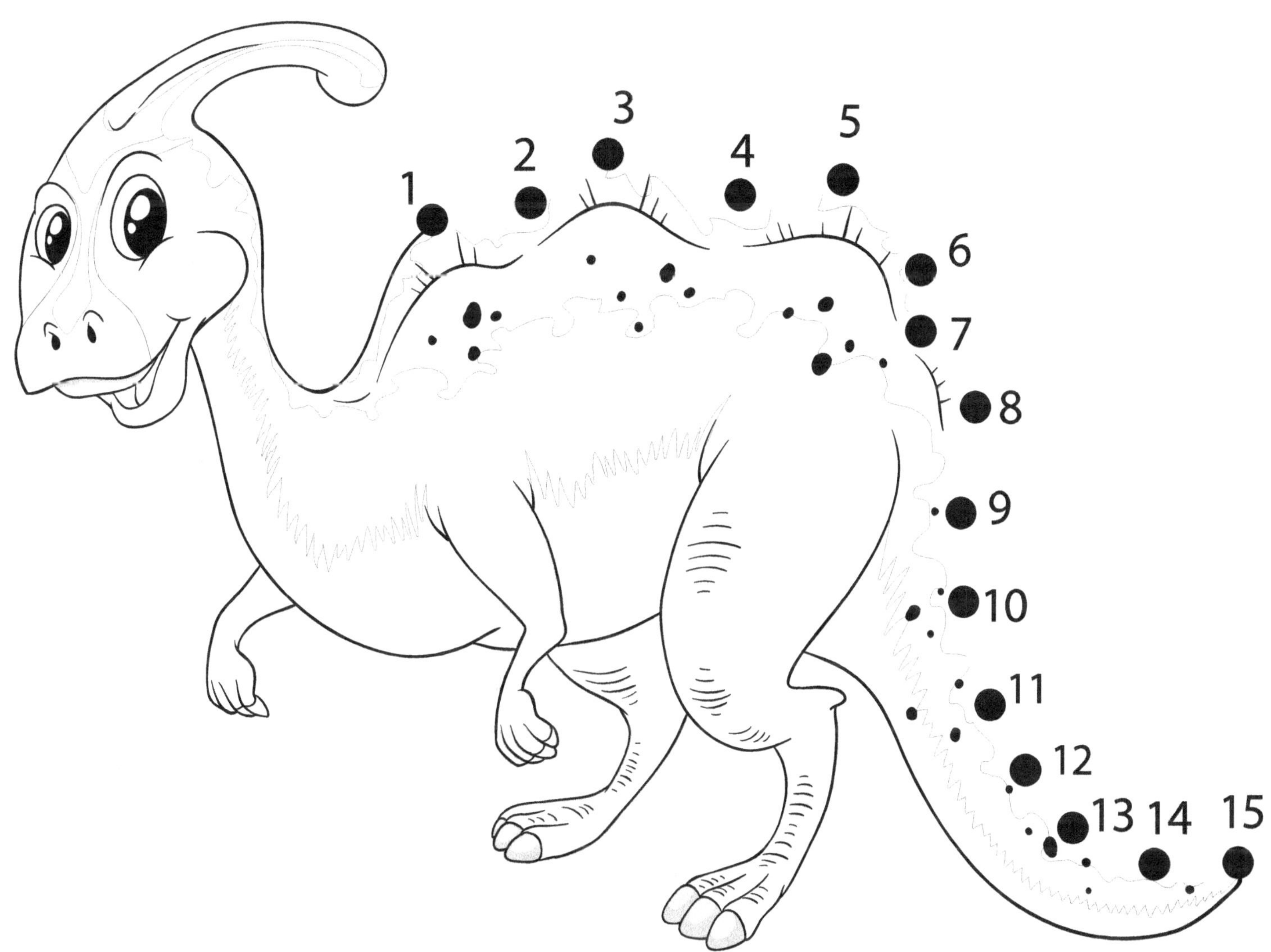
1
2
3
4
5
6
7
8
9
10
11
12
13 14 15

4
3
2
5
1
6
7
8
9
10
11
12
13
14
15

1
2
3
4
5
6
7
8
9
10
11
12
13
14
15

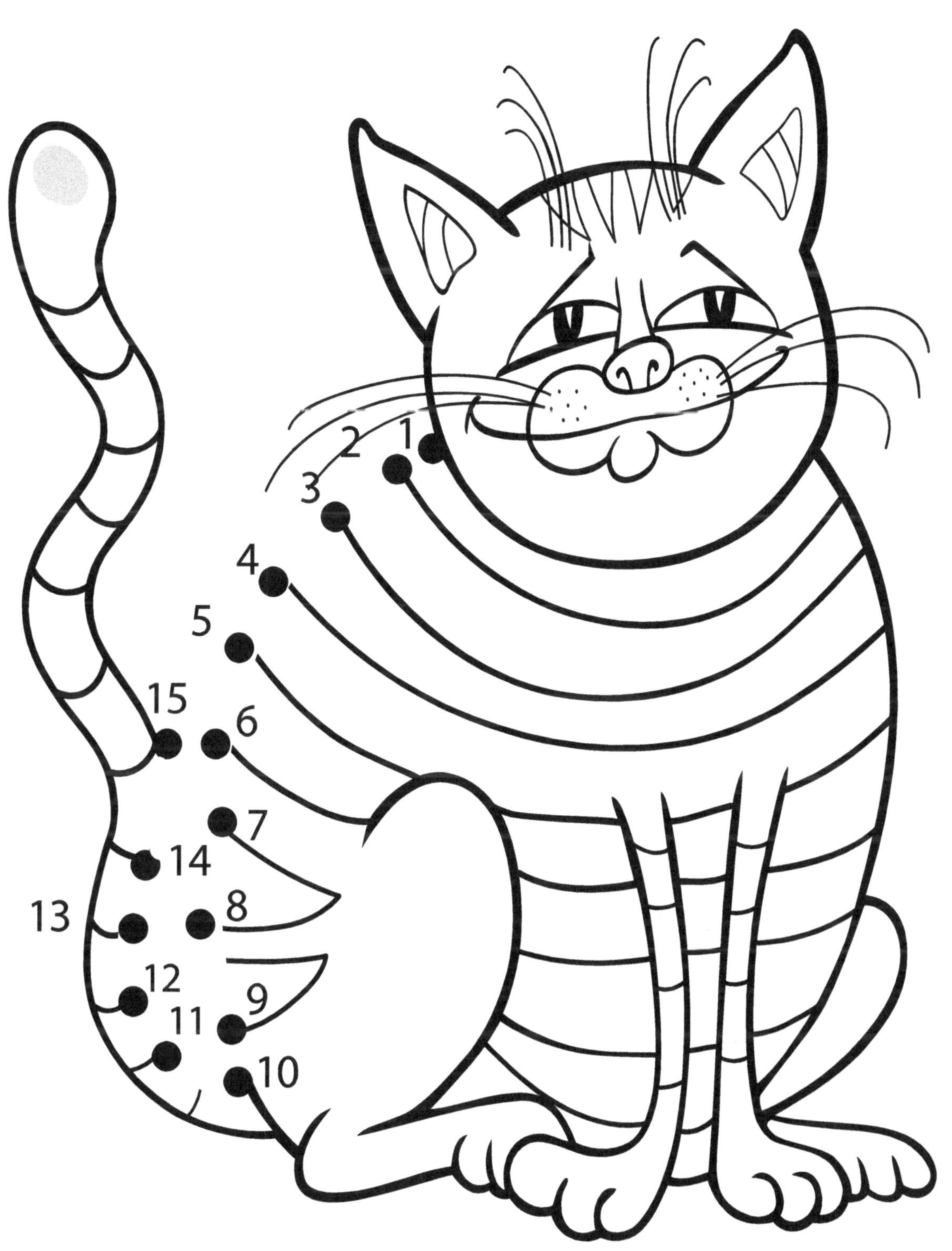
2
1
3
4
5
15
6
7
14
13
8
12
11
9
10

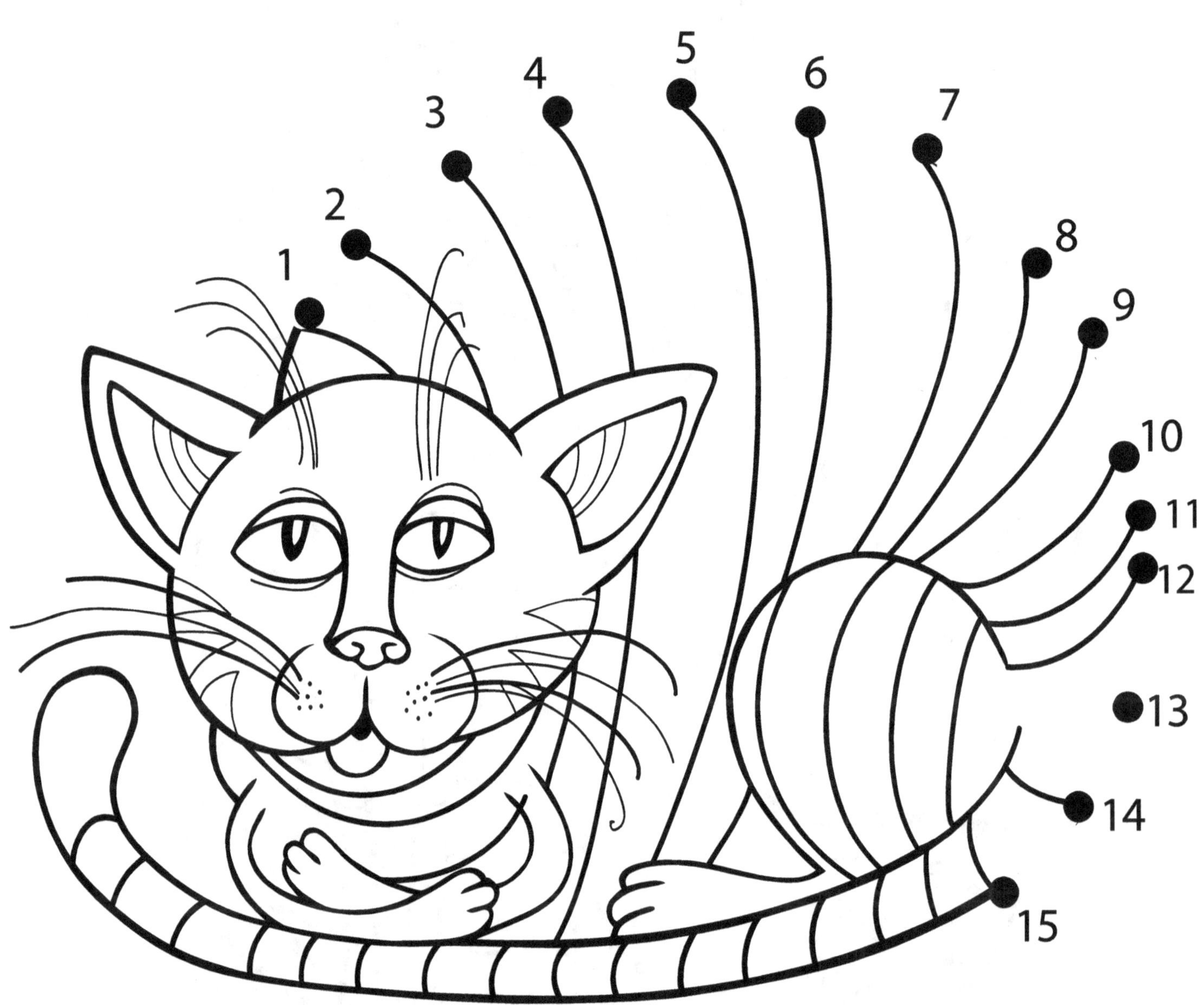

1
2
3
4
5
6
7
8
9
10
11
12
13
14
15

1
2
3
4
5
6
7
8
9
10
11
12
13
14
15

1
2
3
4
5
6
7
8
9
10
11
12
13
14
15

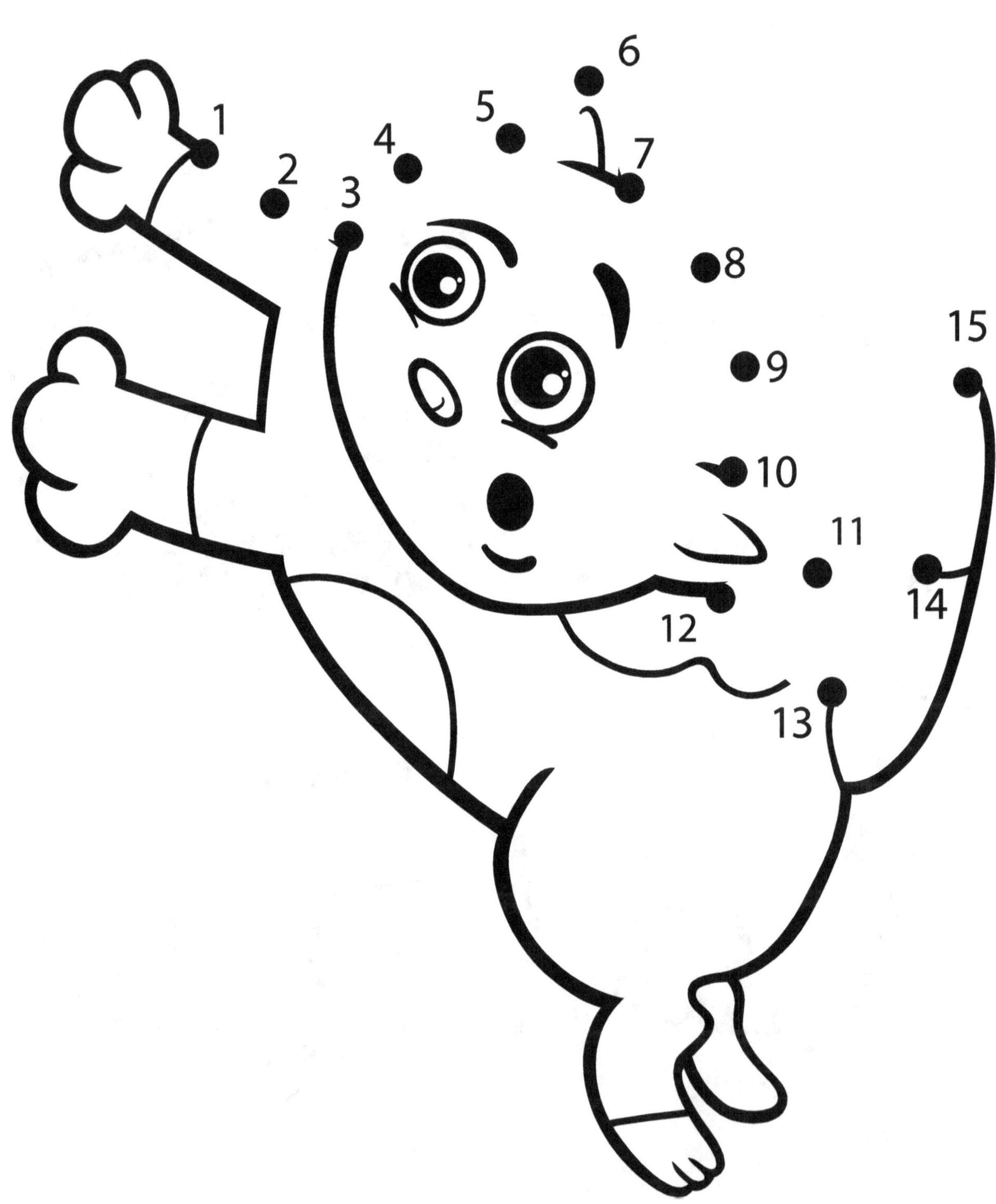

DOT - TO - DOT

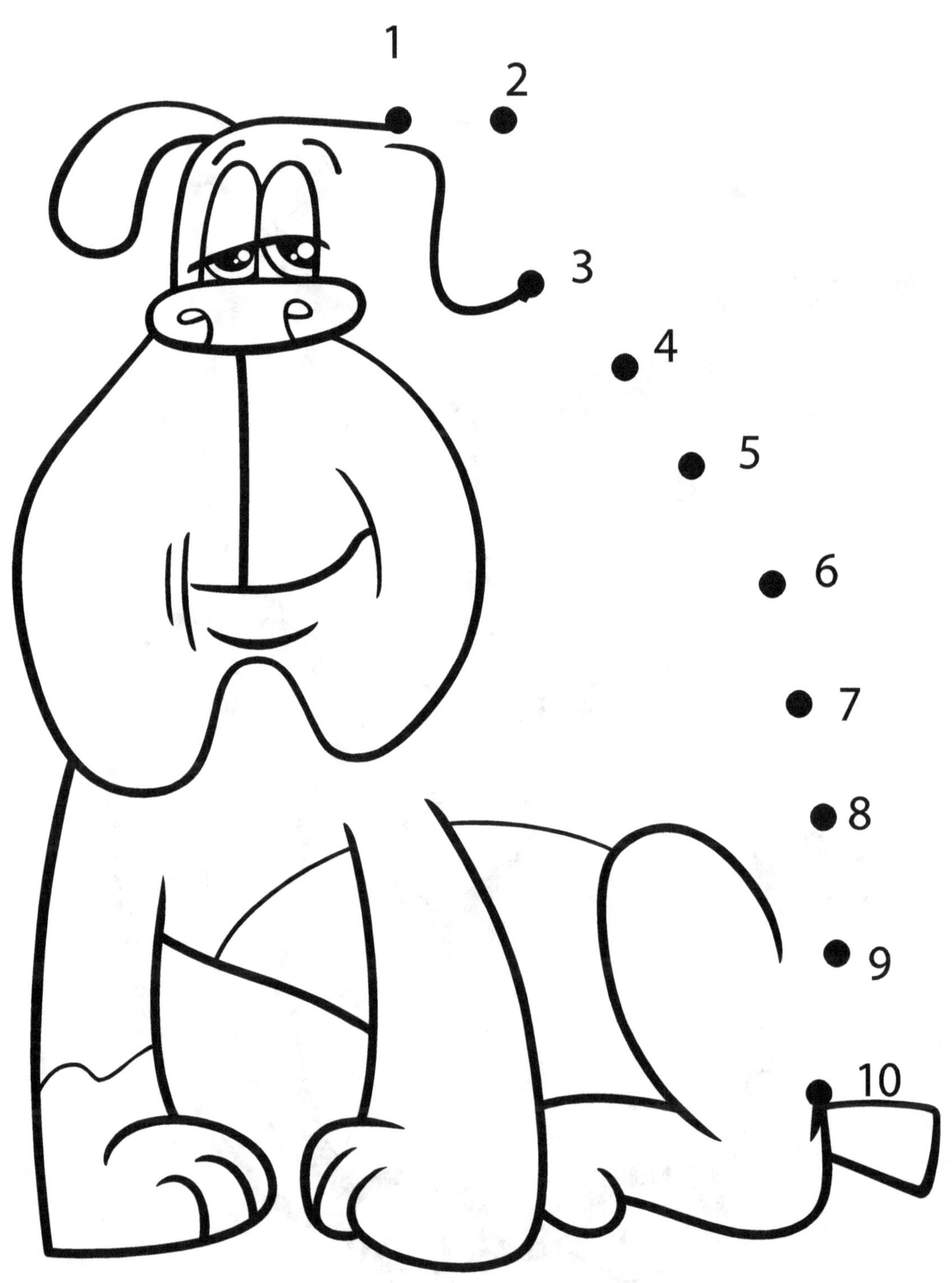

1
2
3
4
5
6
7
8
9
10

DOT - TO - DOT

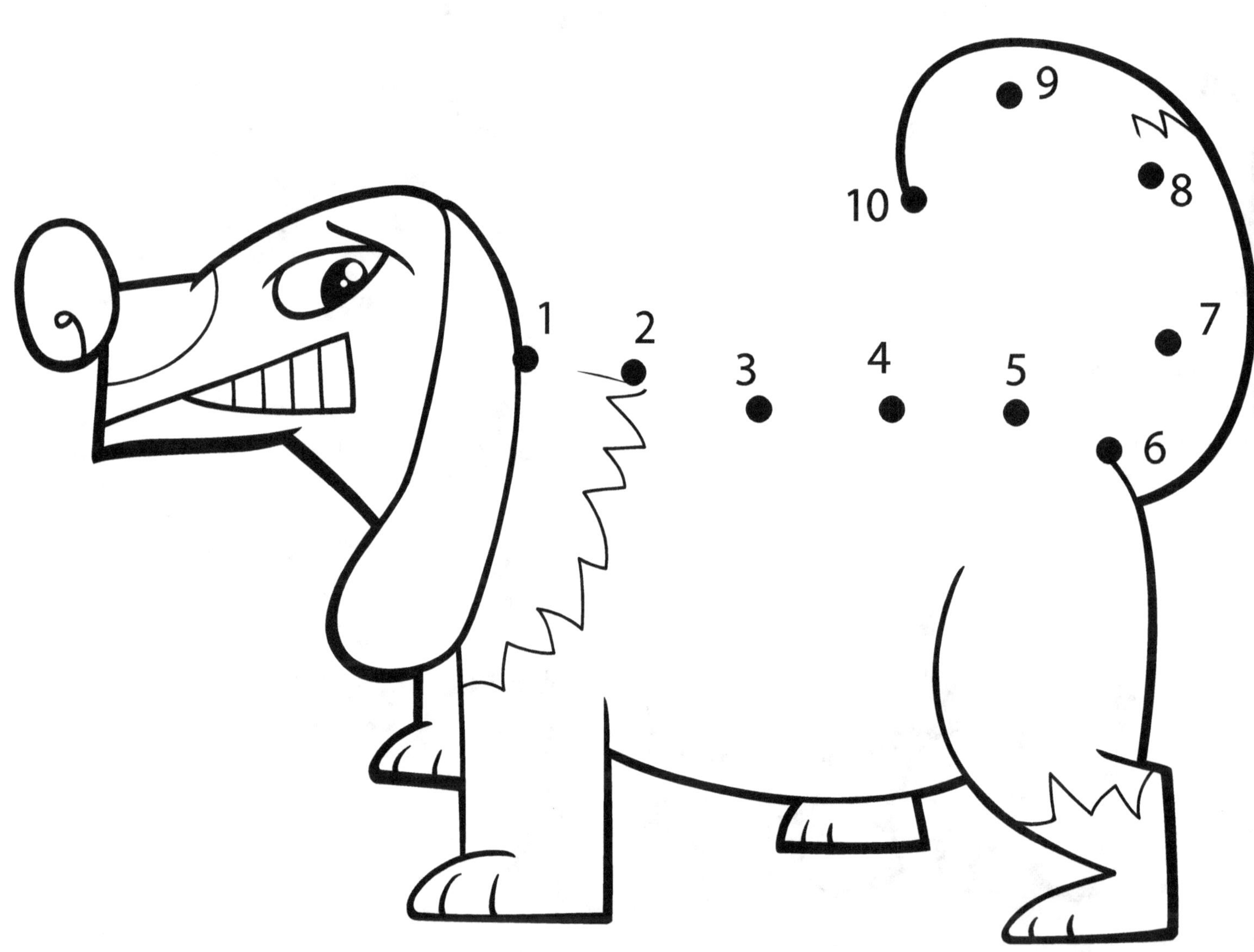

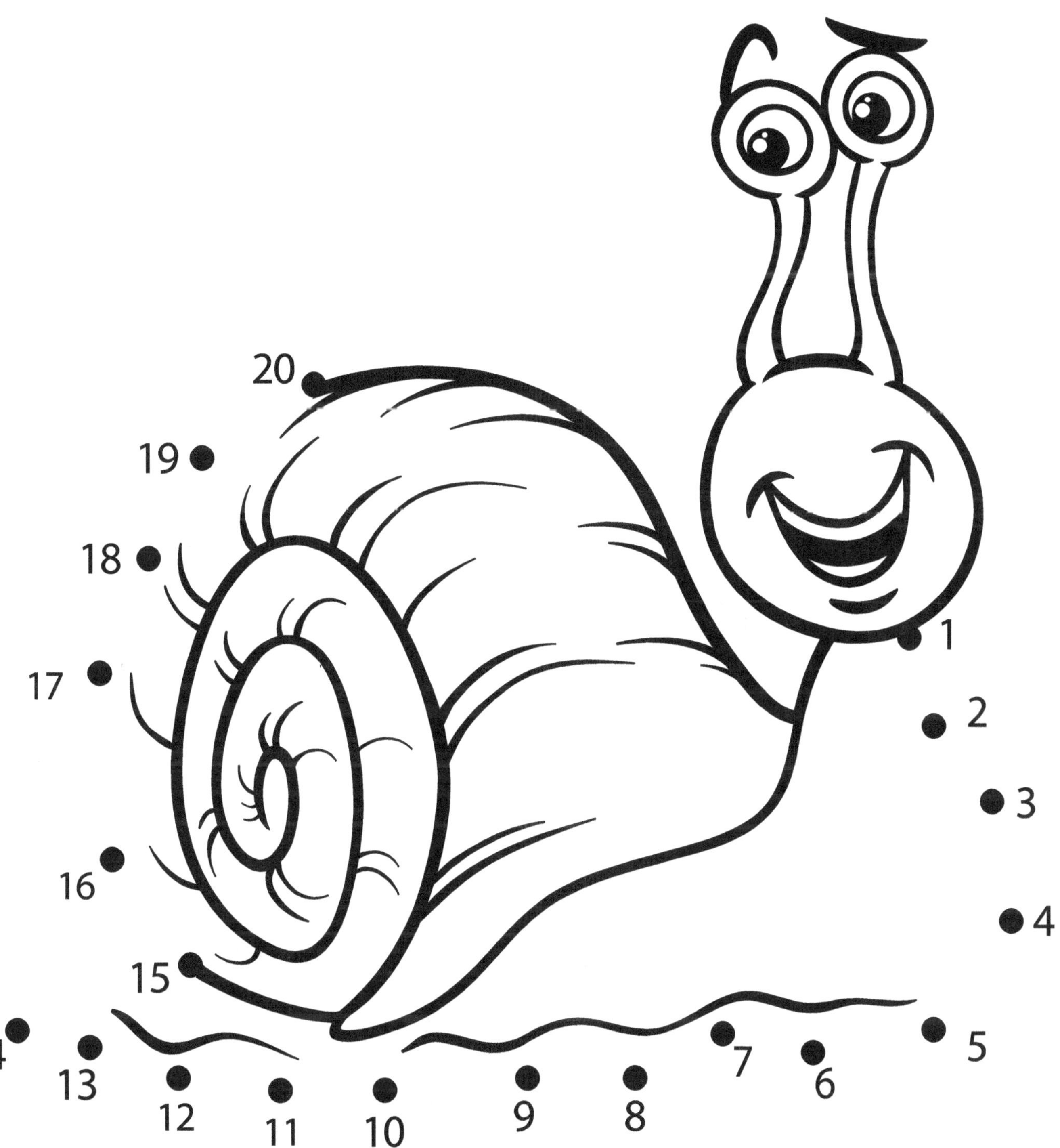

20
19
18
17
16
15
4
13
12
11
10
9
8
7
6
5
4
3
2
1

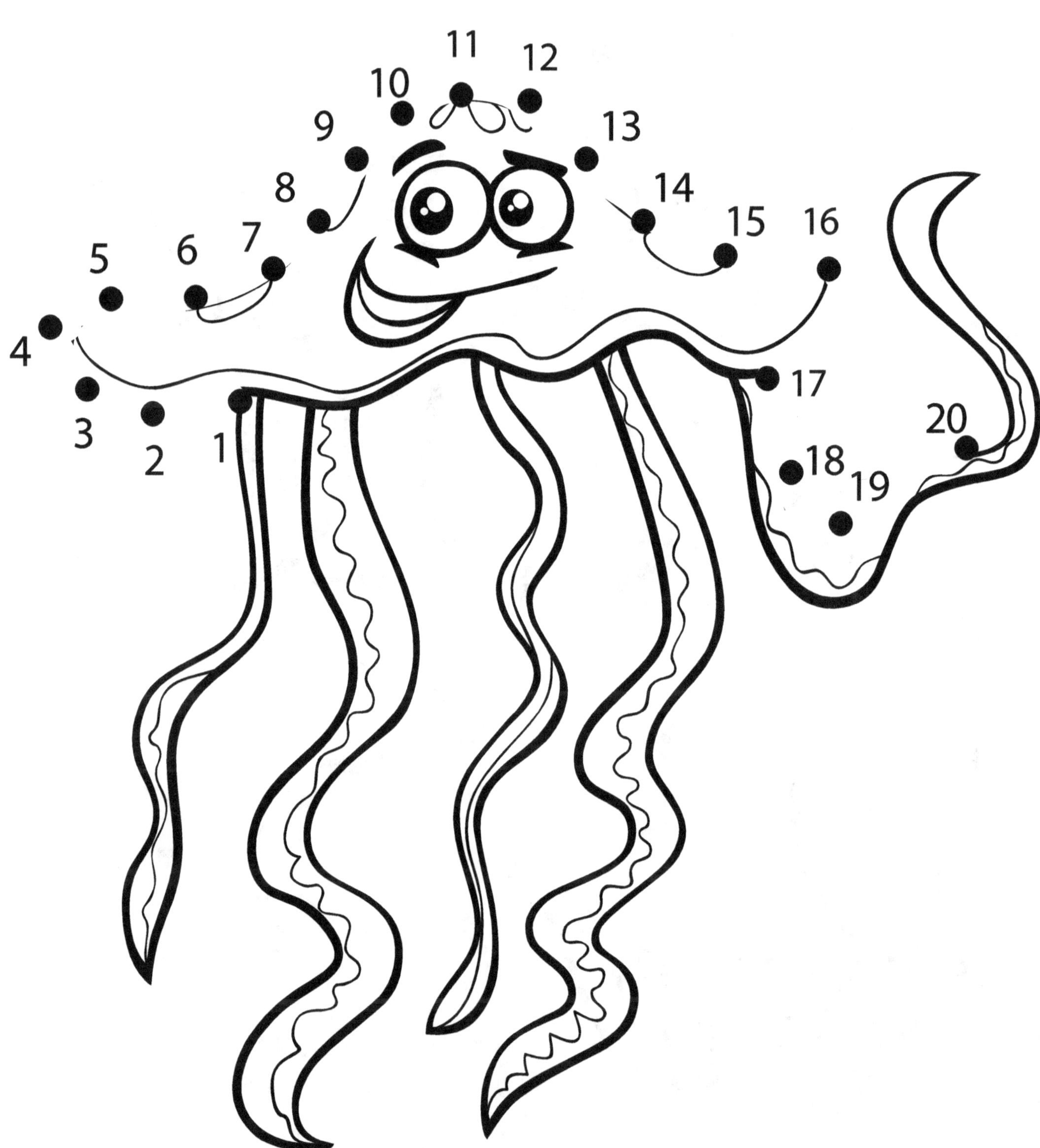

11
10
12
9
13
8
14
7
15
16
5
6
4
3
17
2
1
20
18
19

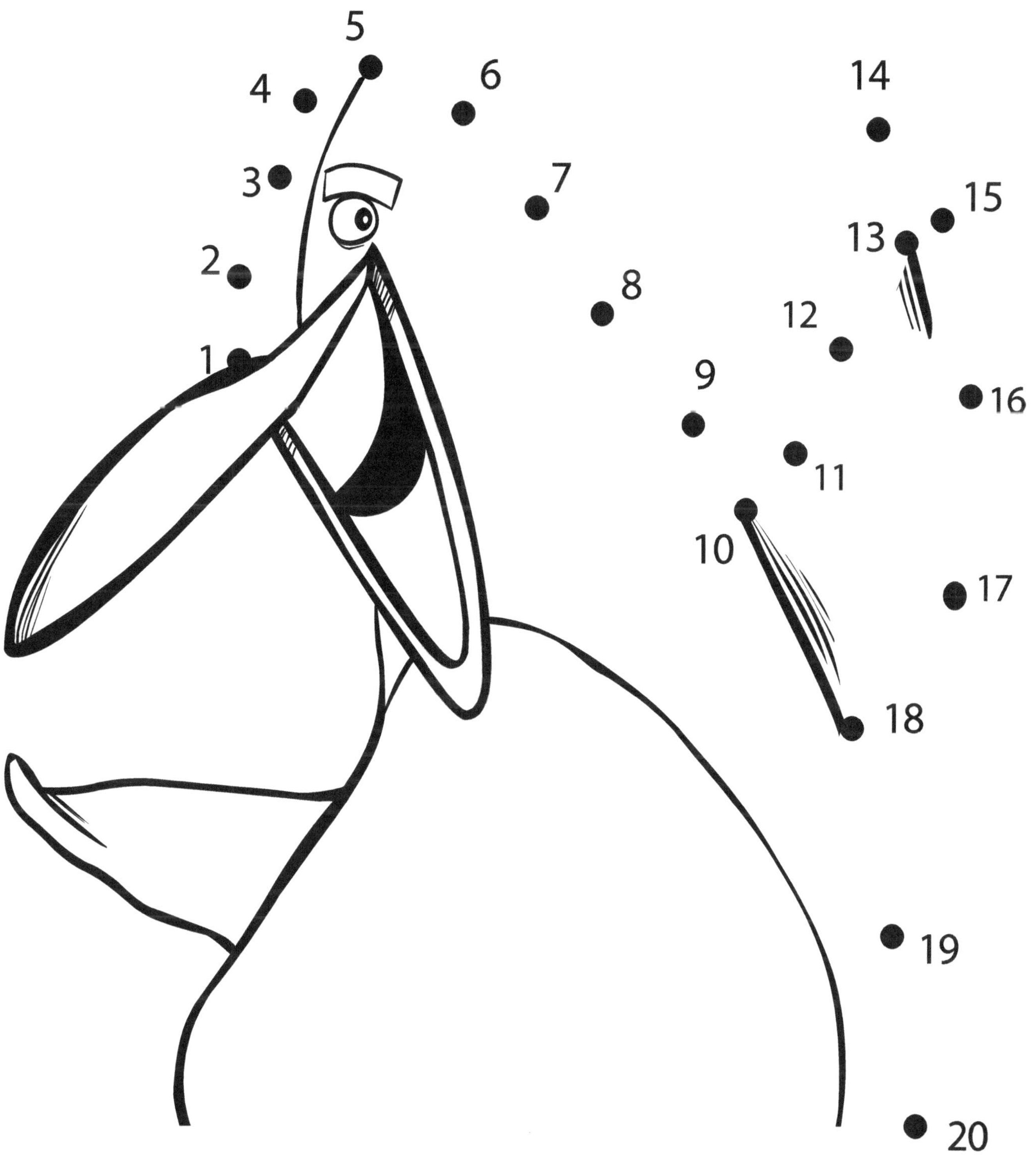